Margot Schuberth

Gute Gedanken verwandeln Dein Leben

Fotos und Gestaltung: Mehran Lotfi

Inhalt:

Der Weg der Liebe

Schritt für Schritt
sucht sich
die Liebe
den Weg zur
Vollendung.

Öffne Dich dem Leben

Öffne Dich
dem Leben
mit Deinem Herzen
und vertraue
Deiner Intuition,

denn Zweifel
und Erwartung
führen Dich
nur in eine Welt
der Illusion.

Mit einem Engel an Deiner Seite

Mit einem Engel
an Deiner Seite,
bist du nicht allein.
Mit einem Engel
an Deiner Seite,
werden manche Sorgen klein.
Mit einem Engel
an Deiner Seite,
kannst du das Schicksal besiegen.
Mit einem Engel
an Deiner Seite,
wirst du das Leben lieben.
Mit einem Engel
an Deiner Seite,
darfst du auch ’mal weinen.
Mit einem Engel
an Deiner Seite,
wird sich das Glück vereinen.

Bewusst leben

Lass’ das Tun
einmal verschwinden
und das Sein
mit Dir verbinden.
Du darfst
das Jetzt bewusst
erleben und das Vergangene
weitergeben.
Hast du ‘mal Sorgen,
darfst du weinen,
doch lass’ auch im Herzen
die Sonne scheinen.
Du sollst am Abend
Frieden finden
und Dich am Morgen
mit dem Licht verbinden.

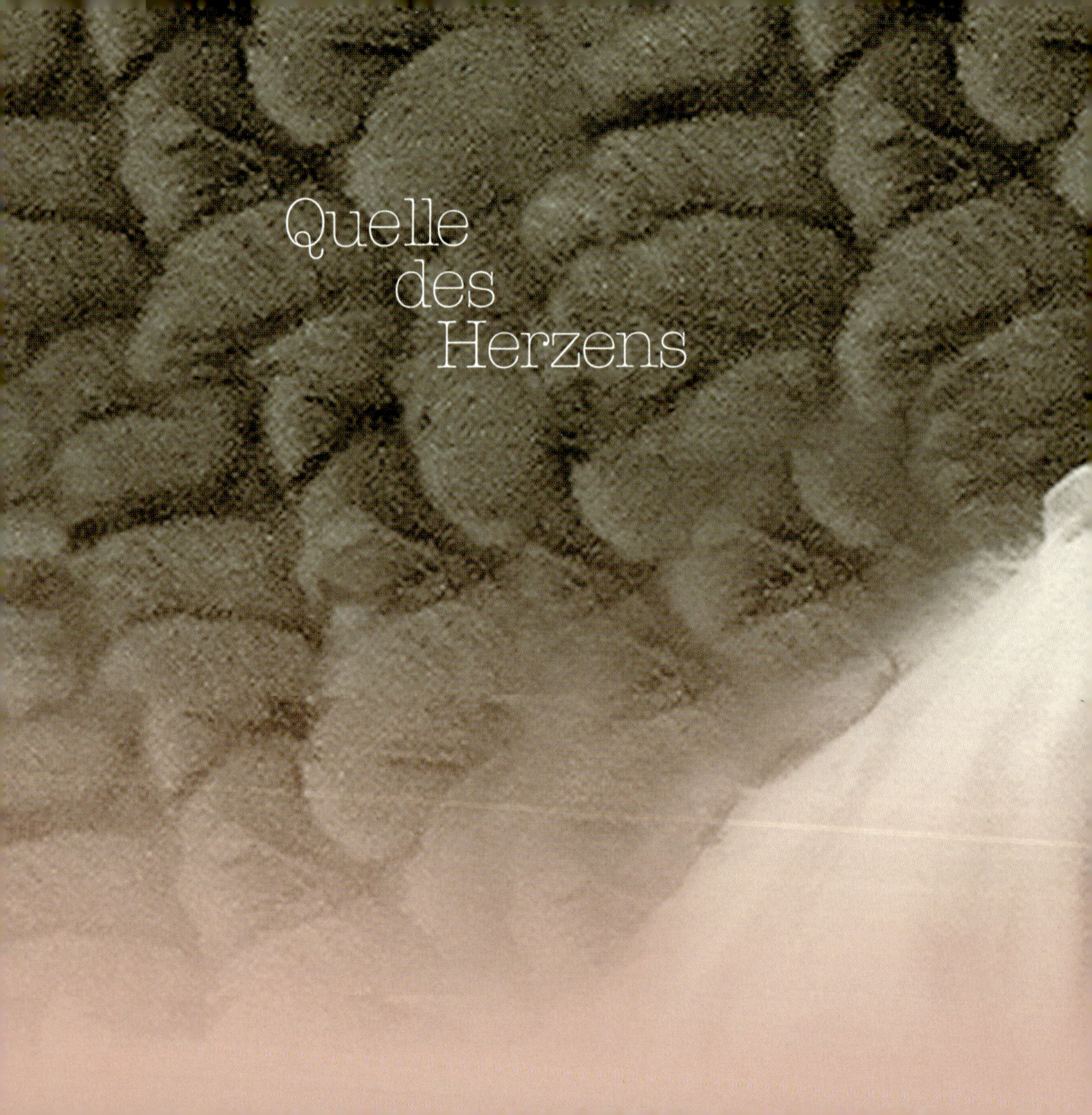
Quelle
des
Herzens

Gute Gedanken entspringen
aus der Quelle des Herzens.

Herzenswünsche wollen in Erfüllung gehen.

Nutze die Kraft
der positiven
Gedanken.
Du hast so viele,
wie Sterne
am Himmel stehen.

Denn die Wünsche,
die in Deinem
Herzen liegen,
wollen in Erfüllung
gehen.

Gute Gedanken lenken das Glück

Mit guten Gedanken
lassen sich neue Wege gehen.
Lenke sie auf das Glück
und du kannst mit Hoffnung
in die Zukunft sehen.

Schenke Dir Zeit

Schenke Dir Zeit,
Dich selbst zu finden,
sei heute bereit,
Dich mit dem Glück
zu verbinden.
Schenke Dir Zeit,
Dich selbst zu entfalten,
sei heute bereit,
jemand die Hand
zu halten.
Schenke Dir Zeit,
eigene Wege zu gehen,
das Glück wird Dir
bestimmt entgegen gehen.

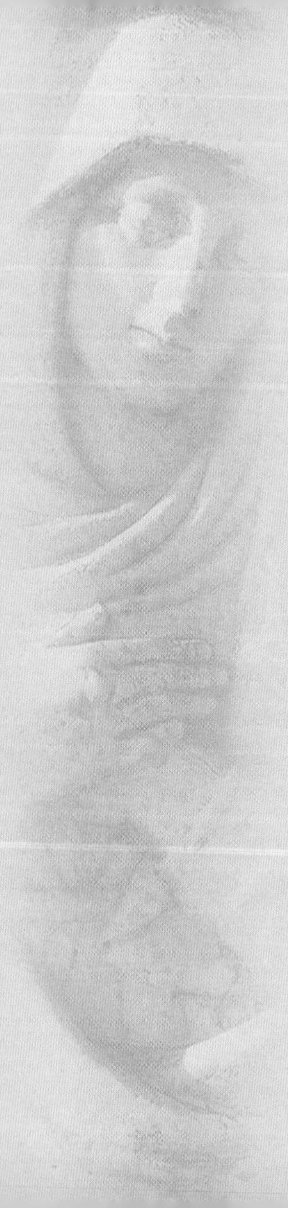

Lass' Dich vom Leben verwandeln

Verwandle Dein Leben,
befrei' Dich vom Leid,
vertrau' Deinem Herzen,
nutze die Zeit.

Vergebe Dir alles,
was Dich noch quält,
verzeih' mit dem Herzen,
das ist es, was zählt.

Gott wird Dich lieben,
so, wie du bist,
du kannst Deinen
Kummer besiegen,
weil Er ganz nah' bei Dir ist.

Öffne die Tür

Wenn die Liebe
anklopft,
dann öffne
ihr die Tür.

Ich wünsche Dir

Ein Licht für den Frieden,
einen Stern für die Nacht,
einen Engel an Deiner Seite,
der Dein Leben bewacht.

Erfühle die Liebe im Herzen,
sie verwandelt das Leid,
ein Zeichen der Hoffnung,
der Beginn für eine neue Zeit.

Wunschgedanken

Kaufe Dir heute
einen Blumenstrauss
und schenke jeder
Blüte einen guten
Gedanken.

Wenn sich die
Blüten entfalten,
wünsche ich Dir,
dass sich Deine
Wünsche
verwirklicht haben.

Ich bleibe an Deiner Seite

Ich bleibe an Deiner Seite,
wohin Dein Weg auch geht,
die Zweifel, die Dich plagen,
die hat der Wind verweht.
Ich bleibe an Deiner Seite,
auch in schweren Stunden,
ich lege meine Liebe,
ganz tief in Deine Wunden.
Ich bleibe an Deiner Seite,
fehlt Dir ‘mal das Vertrauen,
weine Deine Tränen,
ich werd’ immer auf Dich schauen.
Ich bleibe an Deiner Seite,
bis du das Licht wirst finden,
vertraue auf Deine Liebe,
sie wird im Herzen uns verbinden.

Leg' die Hand in meine Hand

Leg' die Hand in meine Hand,
mir ist alles wohlbekannt.
Lass' Dich führen hin zum Glück,
nur der Zweifel bleibt zurück.

Hol' mit mir das wahre Gut,
es bringt Dir Hoffnung und auch Mut.

Die Tür in's Herz ist gar nicht weit,
ich stehe schon am Tor bereit.
Denn die Liebe wohnt darin,
so hat alles einen Sinn.

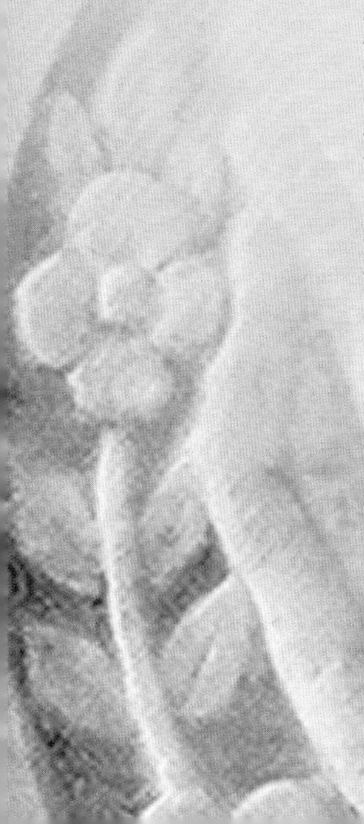

Sei wachsam

Auch Du stehst
im Leben
manchmal vor Schranken.
Sei wachsam
und befreie Dich
von dunklen Gedanken.
Finde zur Mitte
und bleibe Dir treu,
so verwandelt die Liebe
Dich jeden Tag neu.

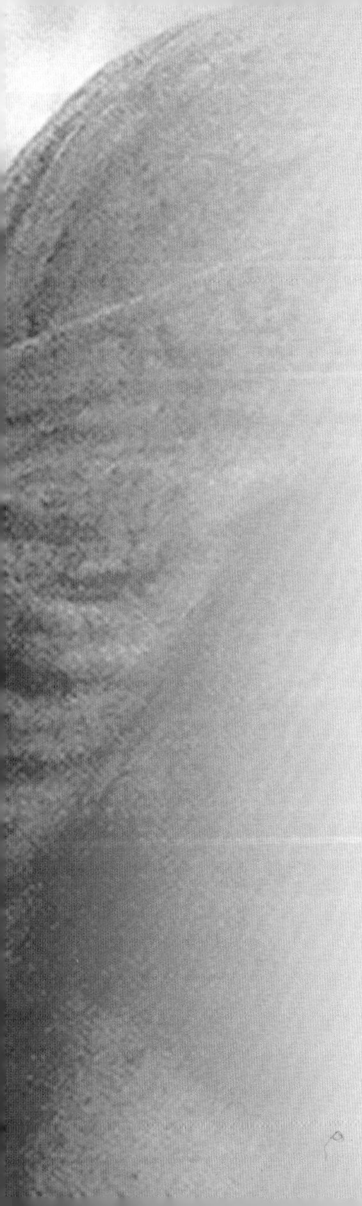

Engelsgruss

Ich wünsche Dir Hoffnung,
ich schenk' Dir Vertrauen,
schaue nach vorne,
du kannst auf mich bauen.
Ich wünsche Dir Freude
und schenke Dir Kraft,
ich weiss genau,
dass du es schaffst.
Ich wünsche Dir Sehnsucht
und gute Ideen,
denn auch Deine Wünsche
wollen in Erfüllung gehen.
Ich wünsche Dir Frieden
und bringe Dir Glück,
folge dem Herzen
und schau' nicht zurück.

Geniesse die Stille

Gute Gedanken
sollen Dich lenken,
nimm Dir die Zeit,
das Glück
zu verschenken.
Geniesse die Stille,
um Dich auf
das Schöne
zu besinnen,
heute ist ein Tag,
um Neues
zu beginnen.

Die wahre Kraft zum Glücklichsein

Lege gute Gedanken
tief in's Herz hinein,
sie sind die wahre Kraft
zum Glücklichsein.
Du spürst die Energie,
um aus dem Schatten zu gehen,
ein Engel
wird Dir als Freund
zur Seite stehen.

In der selben Serie erschienen:

Dir zugedacht
Autor Cecilia Unterkirchner ISBN 3-938910-00-3
Liebe Geburtstagsgrüsse ISBN 3-938910-11-9
Gute Wünsche erfüllen Dein Leben
Autor Margot Schuberth ISBN 3-938910-03-8
Liebe bereichert Dein Leben
Autor Margot Schuberth ISBN 3-938910-02-X
Engel begleiten Dein Leben
Autor Margot Schuberth ISBN 3-938910-01-1
Freundschaft stärkt Dein Leben
Autor Margot Schuberth ISBN 3-938910-05-4
Hoffnung trägt Dein Leben
Autor Margot Schuberth ISBN 3-938910-04-6
Bewusst leben
Autor Margot Schuberth ISBN 3-938910-07-0
Augenblicke voller Glück
Autor Margot Schuberth ISBN 3-938910-08-9
Freiheit beflügelt Dein Leben
Autor Margot Schuberth ISBN 3-938910-09-7
Glauben vollendet Dein Leben
Autor Margot Schuberth ISBN 3-938910-10-0
Texte: Margot Schuberth©

1. Auflage

Das Buch:

Gute Gedanken geben uns eine Chance,
von alten, negativen Beurteilungsmustern wegzukommen,
um im gegenwärtigen Leben zu neuen
positiven Sichtweisen zu gelangen.
Durch die Kraft der guten Gedanken,
kann jeder ein Stück dazu beitragen,
dass der Friede im Herzen wächst und gedeiht.

Margot Schuberth

Die Autorin ist in Kronach geboren
und lebt in München.